27
Ln 10621.

AF224244

LE
PRÉSIDENT LA BARRE.

Ln²⁷ 10621

LE
PRÉSIDENT LA BARRE,

PAR

Victor-Evremont PILLET,

RÉGENT DE RHÉTORIQUE AU COLLÉGE DE BAYEUX, MEMBRE DE PLUSIEURS
SOCIÉTÉS SAVANTES.

BAYEUX,

IMPRIMERIE DE St.-ANGE DUVANT FILS ET Cᵉ.

1852.

LE PRÉSIDENT LA BARRE,

PAR

Victor-Evremont PILLET,

RÉGENT DE RHÉTORIQUE AU COLLÉGE DE BAYEUX, MEMBRE DE PLUSIEURS
SOCIÉTÉS SAVANTES.

—

Aucun dictionnaire biographique n'a consacré une seule
ligne au président La Barre, qui cependant a publié un ouvrage qui compte trois éditions, sinon davantage. Nous allons
essayer de réparer cette omission, autant que nous le pour-
rons; car la vie du président La Barre est fort imparfaite-
ment connue, et seulement par quelques passages de ses
propres écrits.

René Laurens, seigneur de La Barre, naquit à Mortain.
On ignore la date de sa naissance. Il fit ses premières études
à Sourdeval, puis les acheva à Paris. Voici, du reste, ce qu'il
dit de lui, dans le *Formulaire des Elus*, page 11 de la troisième édition : « Après avoir fait mes études à Paris et ré-
genté, suivi quelque temps la court, et fréquenté les grands,
fait le voyage d'Italie et visité les diverses contrées de l'Alle-
magne et de la Suisse, Dieu me fit la grâce en 1595 d'estre
pourveu en tiltre d'office du premier (président) au terroir de
ma naissance, en la ville de Mortain, où je suis résidant pour
le présent.» Le président La Barre eut pour amis des hommes
savants et illustres. Il était très-lié avec Matthieu Mareschal,
auteur d'un *Traité* des Droits honorifiques. « Maistre Mat-

tieu Mareschal, dit-il, digne advocat du Parlement de Paris, et homme de rare preud'homie et suffisance, et fort mon amy... » Il connut à Paris le président Claude Fauchet, auteur des *Antiquités gauloises et françaises* et de plusieurs autres ouvrages estimés : « J'y ay veu (à la Chambre du Trésor) et cogneu le président Fauchet, homme docte et bien versé aux antiquitez de la France, dont l'âme soit en bénédiction, comme en est la mémoire.» On ne sait quand mourut le président La Barre ; mais il vivait encore en 1624, comme l'atteste le *Formulaire des Elus*, page 100, dont il publia lui-même, nous le croyons du moins, une troisième édition, en 1628.

Il donna, en 1590, une édition de l'*Apologétique* de Tertulien, avec des remarques sur cet auteur. Il fit paraître, en 1612, une *Traduction* de la vie de saint Guillaume Firmat, avec des notes où il parle de son *Traité des pèlerinages*. Il composa un *Traité des reliques* : « Ainsi que bien au long, dit-il, page 496, nous l'avons exposé au traitté des Reliques, tome II, des Saincts.» Il publia, en 1616, un *formulaire des Elus,* pour l'instruction de ses confrères, lorsqu'il fut nommé président de l'Election de Mortain. Ce dernier ouvrage est un volume de 741 pages, petit in-8°; la lecture en est fastidieuse; mais il se fait remarquer par une certaine liberté de pensée et une certaine hardiesse de plume. « C'est un livre très-curieux et trop peu connu, dit M. Léopold Delisle (Bibliothèque de l'Ecole des Chartes, mai-juin 1850, page 412, note 8).» Il s'y trouve, en effet, mille choses qu'on n'y soupçonnerait pas et qu'on chercherait vainement ailleurs. Du reste, le président La Barre en avertit lui-même dans son épître dédicatoire à Messieurs les *Esleuz* de Normandie : « Au demeurant, sera possible trouvé hors œuvre que je me sois un peu égaré sur les imposts, foires, marchés, sallages, breuvages, espèces et monnoyes; mais je l'ay fait pour contenter les plus curieux et toujours pour le mieux, et afin d'instruire notre jeunesse ou nouveau Esleu, rapportant quelques recueils de nos anciennes estudes, et afin aussi que les ennemis et haîneux de nostre ordre, et autres qui vilipendent la vacation, sçachent qu'il y en a en icelle qui scavent avec le jetton manier quelquefois la plume, et aux heures de rélaiz feuilleter les bons livres pour leur esbatement, et s'esbatant servir au public ès siècles advenir. »

Ce *formulaire* est une sorte de *Manuel* qui indique aux officiers d'une Election les matières dont la connaissance leur est attribuée. Nous allons en transcrire le titre, car il nous a paru assez curieux : *Nouveau formulaire des Esleuz, auquel sont contenues et déclarées les functions et devoirs desdits officiers, et sommairement ce qu'ils sont tenus sçavoir et faire pour l'acquit de leur charge, ensemble quelques recherches touchant les tailles, taillon, subsides, creües, imposts, tribus et péages, foires, marchez, sallages, quatriémes, huitièmes, et autres deniers qui se lèvent sur les boires et breuvages, tavernes et taverniers,*

Avec un Traitté des monnoyes et des métaux,

Le tout par la diligence du Pr. La Barre.

Erudimini qui judicatis terram. Psalm. 2.

Troisiesme édition reveüe et corrigée.

Paris, chez Antoine Robinot, au Palais, au bout de la petite salle, M.DC.XXVIII.

Le *Formulaire des Esleuz* est divisé en sept livres, subdivisés eux-mêmes en un plus ou moins grand nombre de chapitres. Avant de commencer l'analyse de ce livre, peut-être est-il nécessaire de dire deux mots de l'Election, cette juridiction qu'a brisée la Révolution de 1789. L'Election était une juridiction royale subalterne qui jugeait en première instance de la plupart des matières dont les cours des Aides connaissaient par appel. Or, la cour des Aides de

Rouen connaissait, jugeait et décidait souverainement des tailles, creües, gabelles, aides, traites, imposition foraine, octrois, levées de chevaux, charrettes, pionniers, bœufs, moutons, garnisons, étapes, fortifications et avitaillement de villes, vins, boissons, marchandises, etc. On appelait Elus les officiers qui composaient cette juridiction, et ce nom leur venait de ce que originairement ils étaient établis par la voie d'élection : on les chargeait alors du détail des impositions et du soin d'en faire l'assiette et le recouvrement dans les paroisses. Les officiers dont chaque Election était ordinairement composée, étaient un président, un lieutenant, plusieurs conseillers, un procureur du roi, un greffier, plusieurs huissiers et des procureurs. Le nombre des conseillers variait dans plusieurs Elections; quelques siéges avaient même deux présidents. Les officiers des Elections jouissaient de plusieurs priviléges et exemptions. On comptait en France 181 Elections, distribuées dans les provinces et généralités, qu'on appelait *pays d'Election*.

Le *Formulaire des Esleuz* est aussi curieux pour l'histoire de la langue que pour celle du pays, et nous allons en extraire tout ce qu'il peut contenir d'intéressant pour l'archéologie, l'histoire, la numismatique, les institutions, les mœurs et les usages de l'époque où vivait le président La Barre ; car ce livre abonde en particularités qui touchent à tous ces points; ce sont comme quelques restes de fine mosaïque encastrés dans une marqueterie grossière et confuse.

Le livre premier comprend 33 chapitres. *Du nom et office d'esleu — Erection des offices d'élection — Dénombrement des Eslections et généralitez de France — De la juridiction des esleuz — Du devoir des esleuz*, voilà l'objet des cinq premiers chapitres. Ici notre auteur trace le devoir des élus et se plaint de la multiplicité et de la vénalité des charges :

« L'esleu, dit-il, magistrat sur le fait des impositions et recollections des deniers du Roy, n'est pas véritablement de peu d'auctorité à l'endroit du public et du peuple. Et pourtant est bien requis qu'il soit civilement homme de réputation, sans avarice et ambition, qui ne regarde aux présens, ny preste l'oreille aux inductions et sollicitations ; ains qu'il se monstre rond et entier en sa function, marchant en sa charge comme devant Dieu, estimant icelle luy estre commise et baillée en édification, et non en ruine, et pour servir et profiter au public et non autrement. Si une fois il prend telle résolution, et se propose de n'enfraindre ou violer pour occasion quelconque le serment qu'il a fait lors de sa réception, sans doute ce sera un homme de police, un oracle de son pays, la radresse du peuple ; c'est en un mot un officier fort utile et commode, comme d'ailleurs fort incommode s'il biaise aux affections du siècle, et se laisse emporter et transporter hors du droit sentier de sa vacation..... Je dis cela par forme d'advertissement ; car les déportements d'aucuns font grand préjudice aux autres. C'est de présent un blasme général de tous les officiers qu'ils n'achètent par charité qu'ils ayent vers le peuple leurs estats si chèrement, ains en désir d'en refaire leur argent, et de revendre en détail ce qu'ils ont acheté en gros, qui est véritablement une pratique trop pratiquée, et qui ne touche seulement l'honneur des esleuz, mais de tous les autres officiers encore bien davantage... Heureux sont les peuples qui ne sont point sous les griffes de tant d'officiers, dont le nómbre croist de jour à autre, et multiplie de telle sorte qu'on sa multiplication il a desja fort endommagé le reste. Et se perdra luy-mesme en sa confusion, tellement qu'il faudra tost ou tard oster tant la vénalité que pluralité d'iceux, et remettre toutes choses, retranchant ces labyrinthes de procez et de chicaneries, à l'arbitration des gens de bien et preud'hommes, qui seront juges sans tiltre et gratuits tant que durera leur députation. Henry 3 se vit tant importuné de nouvelles créations d'officiers et d'oflices qu'il fut contraint l'an 1584 faire révocation d'iceux, avec deffenses rigoureuses de n'en poursuivre le restablissement, n'y bailler mémoires de nouveaux establissemens, à peine aux contrevenans d'estre déclarez criminels de leze Majesté, et ennemis de Dieu et du repos du peuple..... Or est-il qu'en matière de finances il y a tant de finesses, de subtilitez, de traverses et d'inventions d'attraper et divertir le liard, que tous les ans la malice d'aucuns donne occasion à nouvelles ordonnances, et à nouveaux officiers et reiglemens, qui est cause d'un grand désordre, que l'on oste les uns et remet-on les autres, qu'il n'y a rien d'asseuré en telles affaires. Il ne faut qu'un ou deux de ces donneurs d'advis de Court avec leur diable d'invention pour troubler tout le reste. Contre eux faudroit procéder criminellement et attacher telles harpies au croq.... Mais les Esleuz se doivent souvenir qu'ils sont juges, et partant qu'ils se doivent monstrer prudens et modestes, en habits décens selon leur qualité : les Présidens avec la robbe ou le manteau long ; leur lieutenant avec la

grande robbe selon sa réception comme sédentaire, et les autres vestus dé-
cemment en gens d'estat: voire estre pris d'aage compétent , ny trop jeu-
nes ny trop vieux. Retenus en leurs gestes et comportemens, ny jureurs ny
blasphémateurs; en leur séance arrestez et vénérables, escoutant les causes,
et donnant leurs advis posément et de bon sens, sans criailler ny entre-
prendre que pour la raison, et encore sans passion. »

Après avoir parlé, au chapitre 6, de la *prééminence et
qualitez des Esleuz*, le président La Barre arrive au chapitre
7, *si les Esleuz cognoissent de noblesse*, et nous fait un petit
tableau de mœurs. Il paraît que les Normands étaient très-
friands de noblesse, comme l'atteste l'anecdote suivante :

« Entrant Henry IV, à Caen, l'an 1599, voulut par manière de gratifica-
tion annoblir les Eschevins : deux acceptèrent sa grace, mais le troisiesme
le remercia humblement, préférant le train de la marchandise, seul sup-
port de ses moyens. Chose remarquable à un Normand ; car pour la plus-
part sont fort friands de noblesse. Ce qui leur procède d'une gentillesse de
nature, cherchant tousjours de s'avantager, *majores nido ex tendere pennas*,
et s'affranchir des tailles et subsides, dont ils sont fort grevez, ne regardant
pas le plus souvent que l'entretien de telle qualité requiert d'avoir des moyens, du moins mille escus de rente, pour vivre honnestement. »

On courait alors avidement après les lettres d'anoblisse-
ment; tous les moyens étaient bons pour se les procurer,
mais l'argent avant tout, et les rois favorisèrent eux-mêmes
cet abus. Le président La Barre s'en plaint avec une certaine vivacité :

« Le roy François lascha véritablement un peu la bride à ceux qui vou-
lurent acquerir la noblesse ; car l'an 1521 il permit aux roturiers possédant fiefs, en payant le revenu d'une année de leurs fiefs, ou fief, d'obtenir
lettres de noblesse, deniers qui tournèrent au profit du patriarche de Jéru-
salem, et cardinal de Prie. Après, l'an 1576, Henry III, soubs certaines
considérations, fist un édit d'annoblissement de mille personnes, pour re-
peupler la noblesse de France fort diminuée par la calamité des guerres civiles, en faveur de personnes recommandables, à prendre des généralitez
de Paris, de Rouen, Caen, Amiens, Chaalons, Troyes, Bourges, Poitiers,
Lyon, Ryon, et Orléans.

» Tous les jours par gens vertueux se font actes généreuses et héroyques.
Tous les jours au tiers estat, se trouvent gens qui font art , sciences de
grands progrez, et en la justice et en la deffence du public, de grands et

signalez services ; en recognoissance de quoy les Roys et les Princes leur font d'insignes récompenses. Nicolas Oresme, ayant à la requeste de Charles VII, traduit la Bible en françois et la physique d'Aristote, eut pour sóy et les siens don de noblesse. René Chopin, présentant à Charles IX son livre du domaine , eut pareille gracieuseté, et le Caron tost après..... De présent les moindres officiers, jusques aux enquesteurs, ne font difficulté de prendre tiltre d'Escuyer. »

Le 8ᵉ chapitre s'occupe de la *Distinction des deniers en matière de finances ;* le 9ᵒ des *Levées de deniers ;* le 10ᵒ de *Quéls deniers cognoissent les Esleuz ;* le 11ᵉ du *Domaine ;* le 12ᵉ des *Aydes ;* le 13ᵉ de l'*Imposition sur le vin.*

« L'opinion d'aucuns charge de blasme Chilpéric d'avoir le premier de nos Rois mis l'imposition sur le vin, qui fut premièrement du quart , puis du huitiesme, et du vingtiesme ; n'estant son domaine a peu près suffisant pour fournir à ses despenses et affaires. Il s'advisa donc de prendre d'un chacun qui avait du vin, un vaisseau contenant la quatriesme partie du vin du possesseur. D'où est et seroit provenue l'occasion de l'imposition du huitiesme en France, et du sixiesme au pays de Narbonne, et du quatriesme en Normandie, levée qui enchérist fort la vie de l'homme, consistant la plus part de sa despense en boire. »

Le 14ᵉ chapitre traite des *Tailles.*

« Le premier qui leva la subvention que nous appelons Tailles sur le peuple roturier fut le roy Sainct Louys : les grands font les grandes fautes. »

On voit par cette citation que le président La Barre avait une certaine indépendance de caractère, et qu'il ne craignait pas d'infliger le blâme à qui le méritait, fût-ce une tête couronnée.

Les réclamations de notre auteur ont souvent pour objet la réforme des abus existant dans la répartition ou le prélèvement des taxes. Au nombre et à la gravité de ses plaintes, on peut juger quelle était l'étendue du désordre dans cette partie de l'administration. Grande était alors la misère des collecteurs, comme l'atteste le chapitre 15, intitulé : *Du Droit de collection et de la distraction.*

« Du jourd'hui (1624) il ne reste plus qu'un sould par livre aux pauvres collecteurs, qui leur est une grande perte..... A cette heure que la moitié de leur droit leur est ostée, il n'y aura pas presse, ni à estre collecteur ni à recevoir les deniers du Roy, qui ne peut tourner qu'à un grand retardement d'iceux. Les pauvres collecteurs ne pouvant trouver qui fasse la collection pour eux, faute de pouvoir trouver deniers pour faire les advances, demouront sous le faix, à la mercy des sergeans et coureurs, ruinez de biens pourriront ès prisons..... Et où pris tout cela ? à pauvres gens qui n'ont qu'une vache ou deux, et pas tant vaillant, ny du blé à se passer la moitié de l'année. Sur les autheurs de tel advis, le peuple sans doute crie vengeance et criera sans cesse..... O bon Dieu ! quel désordre de ce malheureux siècle ! faut-il que tant de gens de bien ne voyent goutte en telles affaires ? »

Et dans le chapitre 16, du *Taillon*, le président La Barre ajoute :

« Henry II avoit ordonné qu'il se lèveroit certaine somme sur les habitans de ce Royaume, pour l'entretien, vivres et munitions des gens de guerre, qui fut par luy-mesme arrestée et réglée, et dura son ordonnance quelque temps. Mais depuis toutes choses s'enchérissans, et allans de pis en pis, elle a esté beaucoup augmentée, et s'augmente journellement à la foule du pauvre peuple qui porte tout. »

Le chapitre 17, *Creüe des Garnisons*, nous offre deux particularités historiques qu'il est bon de recueillir :

« François premier du nom se voyant, l'an 1534, assailly de toutes parts, mist sur les Légionaires qui furent sept légions de gens de pied, à la forme des Romains, lesquelles estoient chacune de six mille hommes, estans tenus les soldats de même légion loger ensemble. Leurs chefs estoient exempts de tailles, comme aussi tous manquets et estropiez, ayans couru fortune de guerre : et avoient ceux qui s'estoient monstrés vaillans, et fait preuve de leur valeur, un anneau d'or dont ils estoient honorez, pour enseigne et marque de vertu.

« Le mesme François premier exempta en onze des bonnes villes et principales de ce Royaume, un artiller, c'est-à-dire un faiseur d'arcs et de flesches, estant tenu d'en avoir telle provision que besoin seroit. Depuis les harquebuses et mousquets sont venus en usage, et n'ont plus les archers que le nom, et quelques priviléges ès villes franches, où ils ont le prix du blanc tirans à la butte. »

Le chapitre 18ᵉ parle de *la traite foraine* ; le 19ᵉ, *des Munitions* ; le 20ᵉ, de *l'équivalent*; le 21ᵉ, des *deniers communs et d'octroy*. Voici quel était l'emploi des deniers provénant de l'octroi des villes :

« Il y a des deniers communs et patrimoniaux, comme ils les nomment, qui appartiennent aux communautez et aux villes, se consistant en louages de maisons, estaux et estalages, boutiques, rentes et revenus, et autres redevances qui se prennent sur places publiques, fieffées ou arrentées, sur terres, prairies, moulins, et autres choses appartenantes au public : dont les deniers provenans, sont de bon employ, se distribuans à tout plain de bonnes œuvres utiles et charitables, aux réparations des ponts, des portes et des pavez, et à salarier les prédicateurs, régens et maistres d'escoles, et à fournir aux despenses communes, aux feux de joye, torches du S. Sacrement ; aux entrées et réceptions des roys ; pour celuy qui gouverne l'horloge, pour les portiers, trompettes et autres. Lesquels deniers advenant qu'ils ne fussent bastans ou suffisans aux grosses réparations, comme pour réfection de murailles, de clochers ou d'églises, on a accoustumé de se retirer vers le Roy, qui accorde sur requeste quelque somme annuelle, à prendre sur certaines denrées, ou marchandises qui entrent, ou qui se distribuent en la dite ville. Et c'est ce que l'on nomme dons et octroys. »

Le chapitre 22e est relatif aux *pionniers et chevaux d'artillerie ;* le 23e, *aux péages ;* le 24e, *aux coustumes.* L'auteur du *Formulaire* s'exprime ainsi sur les dépenses des rois :

« En fait d'imposts, leur façon estant de n'aller jamais au rabais, en diminuant, pour l'esgard de leurs despenses, tailles et imposts ; mais tousjours en grossissant et enflant le fisque, à l'atténuation toutefois du corps politique et du pauvre peuple. »

Notons, en passant, un trait relatif aux usages :

« Au lieu où s'exige ordinairement ce droit (la coutume), la mode est ancienne, pour advertir les passans, de suspendre une billette, ou morceau de bois attaché d'une corde, brandillant au bout d'une perche, ou de l'attacher au bout d'une branche, et ores se nomme billette branchère, pour signal aux marchands et traversans de payer leur coustume :

> Ce billot suspendu qui à l'air se consume
> Advertit le marchand d'acquitter sa coustume.

Charles VII, ajoute notre auteur, pour donner courage aux personnes d'apprendre l'art d'arpentage, exempta les arpenteurs et mesureurs de terres jurez de toutes coustumes, travers, péages, pontages et barrages.

Le chapitre 25ᵉ comprend les *Travers ;* le 26ᵉ, les *Barrages :*

« Le sieur de Rosny, dit le président La Barré, ne desdaigna la qualité de se faire nommer grand Voyer de France, et en vertu d'icelle, l'an 1603, 1609 et 1610, faire dresser et esplanader les chemins royaux, les faire eslarger à vingt quatre pieds, esbrancher les arbres encombrans, et en quelques lieux de France, y faire le long planter des meuriers blancs, et aux autres endroits des ormeaux, notamment ès places vagues.»

Le chapitre 27ᵉ est consacré à *la Douane ;* le 28ᵉ, *aux Décimes ;* le 29ᵉ, *aux Gabelles.* Ici, notre auteur se plaint beaucoup des taxes onéreuses mises sur le sel.

« C'est aujourd'huy le grand party qui se baille à quelques particuliers qui n'y ont pas beaucoup gaigné ces années dernières, Dieu ne pouvant souffrir que deniers exigez avec tant de vexation peussent beaucoup profiter. Les cayers des Estats tous les ans sont remplis sur cela de plaintes de ce qu'on assied le sel par forme de taille, et que l'on force les personnes à acheter du sel qui n'ont que saler et qui ne l'oseroient revendre, leur demeurant sur les bras en pure perte. J'aurois bien peur que l'abus d'un tel trésor nous en fist perdre l'usance à la fin, comme Athénée remarque des Locrenses.

» François I, l'an 1543, quelques années avant son décez, mist le tribut qui se lève sur les poissons de marine salez, establissant les priseurs et vendeurs de poisson à Paris, deffendant au reste qu'aucun n'eust à prendre ou acheter sel qu'aux greniers du Roy, où la Gabelle estoit ordonnée. Et comme ce prince eut de grandes affaires, il imposa aussi tribut sur les poissons de mer peschez et salez, vendus et distribuez par les costes de Normandie.»

Le 30ᵉ chapitre traite du *Pied rond et pied fourché ;* le 31ᵉ, des *Emprunts ;* le 32ᵉ, du *Foüage et moneage.* Ici, le président La Barre parle ainsi des rois :

« Ce bouffon de Sicile remarquant la paucité des bons roys, disait qu'ils se pouvoient tous escrire au rond d'un petit anneau, tant il les estimoit en petit nombre ! Rarement se trouvent-ils qui n'ayent blessé leur peuple de quelque imposition.»

Voici, relativement à l'altération des monnaies, un passage qui appartient à l'histoire. Il est bon de le recueillir, car l'auteur était témoin oculaire :

« Véritablement on ne peut toucher aux espèces qu'il n'y aille de l'inté-
rêt du public. On ne les enforce jamais, mais on les affoiblit tousjours pour
y gaigner la façon du moins, et lorsqu'il s'y fait quelque refonte et descry,
le peuple y est tousjours préjudicié. Nous avons veu le désordre de l'an 1614,
qu'on ne voyoit que pièces estrangères, qui s'exposoient à tel prix qu'on
vouloit, le soir d'une façon, le matin d'autre, tousjours en haussant, au
lieu desquelles on tiroit notre bon or et bon argent de France : le marc
d'aucuns ne fut guères apprécié qu'aux deux tiers des nostres de prix,
tant d'or que d'argent. Les Cours n'en voulaient point, encore moins les re-
ceveurs-généraux et particuliers ; ainsi le peuple qui en avoit, avoit de l'argent et n'en avoit point ; ayant à négocier en Court, à payer espèces, ou à
payer aux receptes, estoit contraint d'achepter de la monnoye de France à
perte de cinq ou six souls par escu, peine et coustage intolérables. Sur tel
désordre arriva le réglement après, en l'an 1615, deffendant de n'exposer
ni recevoir plus autres espèces qu'au coin et armes de France, et lorsque
le royaume en estoit presque épuisé, et lors fut la grande confusion. Au
change on perdoit le tiers et plus, et plusieurs qui avoient emprunté deniers pour trafiquer en sont pauvres. Et Dieu sçait de ces pièces estrangères et de tel billon quelles espèces on nous a faites de dix souls et autres.
Dieu nous garde de voir jamais tel désordre. Telle année se nomma par
aucuns l'année des pertes, pour la remarquer à l'advenir, tant pour la sté-
rilité de biens que rabbais des monnoyes, que pour l'assemblée des estats-
généraux à Paris, qui après plusieurs séances, et avoir recogneu les maux
de l'Estat, se départirent sans y donner remède et sans rien faire :

« Le descry des monnoyes, les estats de feintize,
» font remarquer à mal l'an mil six cent et quinze.»

Le 33ᵉ chapitre est intitulé *Des poids et mesures*. Le président La Barre songeait, dès le temps même où il vivait, à
tout ramener à l'unité : écoutez-le :

« De présent que les choses sont revenues à leur poinct et retombées au
période du meilleur et plus utile gouvernement, sous la puissance d'un seul,
le plus expédient seroit de réformer le tout à un, les coustumes, les poids
et les mesures, laissant le passé et réglant l'advenir. »

Il nous parle encore, dans le même chapitre, de la mesure d'Arques, et de la fondation de l'abbaye de Sainte-Ca-
therine et de Saint-Amand.

« Nous apprenons des Antiquitez de Rouen comme Josselin le Vicomte
sieur d'Arques, sous le règne de Louis-le-Gros, viron l'an 1110, estant

pour lors Maurille, archevesque du dit Rouen , sur l'incertitude des poids
et mesures de tout le quartier, là fut le premier autheur des poids et mesures, et de là vient qu'en plusieurs adveux, est faite mention de la mesure
d'Arques comme de la plus commune et usitée. De luy encore les sieurs de
Lardière, yssus de luy, ont retraitte au chasteau d'Arques en temps de trou-
ble, possédant héréditairement le droit de jauges et mesures, et ayans par
devers eux les estallons d'icelles pour y avoir recours, quand besoin seroit.
Cestuy Josselin ou Cosselin fut fondateur de l'abbaye saincte Catherine du
Mont de Rouen, et y est enterré avec Ameline sa femme, fondatrice de
l'abbaye sainct Amand. L'an 1601, cette abbaye saincte Catherine fut dé-
molie par le commandement du Roy Henry IIII, pour oster la forteresse et
commandement que elle avoit sur la ville de Rouen. »

Le livre 2e contient 48 chapitres.—Chap. 1er.—*Département des tailles.*—Chap. 2.—*Institulemens d'estats et dé-
partemens.*—Chap. 3.—*Formules des mandemens et charges.*
—Chap. 4.—*Si les Esleuz commettent péculat, imposant
plus ou moins qu'il n'est mandé.*—Chap. 5.—*Si bourgs ou
hameaux greslez, bruslez ou ruinez se peuvent descharger au
département.*—Chap. 6.—*Des exempts à tailles.*—Chap. 7.
—*Des signatures des Esleuz.*—Chap. 8.—*Des seaux en
eslection.*

« De tout temps ne faut point douter que la plus commune et ancienne
façon de sceller a esté en cire, parce que c'est une gomme provenante d'un
petit animal ennemy de falsité et de puanteur ou corruption, qui ne manque
de divinité s'il ne mourroit point ; maniable et susceptible de ce que l'on
veut. On y imprime facilement et à plaisir ce que l'on veut, et conserve assez bien les espèces et figures qu'on y veut imprimer, pourveu
que mise en lieu fraiz...... La meilleure cire est roussoyante, l'autre jaunissante et la plus claire, la blanche qui se blanchit au soleil et à la
rosée, et de celle-là se fait le cierge de la veille de Pasques, appellé des il-
lumiuez, qui est bénit à Rome par la main du pape, et duquel se forme
par après les *Agnus Dei*, qui recouvrent derechef estans formez la bénédiction du Sainct Père à la messe de la nuit de Noël, pour estre icelle portée
et communiquée par tout le monde, qui est la plus digne signature qui se
puisse former ou mouler de cire, portant le symbole et la configuration de
l'Agneau sans macule du Sauveur et Rédempteur, qui a fait le tout selon
son idée, et la créature humaine à sa semblance et à son image et racheté
icelle....

» Lorsque Sainct Louys ordonna les Chauffe-cires à la Chancellerie, en faveur des quatre fils de Soule sa nourrice sans examen de suffisance n'y sçavoir lire ni escrire, lors furent ordonnnées les diversitez de seaux, le grand qui estoit de l'anneau du Roy, baillé au Chancelier pour la grande Chancellerie, avec la représentation de sa Majesté, et l'autre moindre pour les chancelleries des Parlemens, sous un des maistres des Requestes ; et furent différentes les sortes de cires, jaulnes pour les affaires de l'Estat et des finances ; vertes pour les rémissions, grâces et abolitions, et rouges qui furent concédées aux Universitez. On ne se sert que de ces trois façons que je sçache. »

Chap. 9.—*Des recherches, visites et chevauchées des Es-lcuz.*—Chap. 10.—*Des mandements pour termer la chevau-chée.*—Chap. 11.—*Progrez de la chevauchée qui consiste à s'informer de l'assiette et collecte des deniers du Roy, com-moditez et incommoditez des paroisses.*—Chap. 12.—*De la nomination des collecteurs.*—Chap. 13.—*Du nombre des collecteurs. — Chap. 14. — Des aides aux collecteurs.— Chap. 15 —Si avoir esté collecteur descharge pour la vie.* —Chap. 16.—*Si un collecteur nommé se peut cotter contre un qui l'auroit esté.*—Chap. 17.—*Si deux collecteurs peu-vent modérer le troisiesme.*—Chap. 18. — *D'où prend pied l'imposition des tailles.*—Recueillons en passant cette parti-cularité historique relative à la Normandie :

« L'année 1616, qu'il n'y eut convocation d'Estats en Normandie, à cause des remuëments et du voyage de Bordeaux, où le Roy Louis XIII, regnant à présent, estoit empesché à son mariage avec l'Infante d'Espagne, lesquels Dieu veuille bénir de tout bon-heur et lignée, l'imposition se commença du premier de janvier, etc. »

Chap. 19.—*De l'aage des taillables.*—Chap. 20.—*Si filles aagez sont taillables.*—Chap. 21.—*S'il y a vacance en fait de taille.*—Ici notre auteur trouve même moyen de parler de la faiblesse de notre nature :

« Certainement nostre vie n'est qu'imbécilité, disons ce mot en passant, tousjours accompagnée et confite en folie ; elle se commence par l'enfance, pleine d'enfantillages et de singeries ; accruë, elle se joint à une femme qui est la folie mesme, et se finist en décrépitude. »

Chap. 22.—*Du changement d'octroy.*—Chap. 23.—

Des assiettes des collecteurs.—Chap. 24.—*Des obmis en l'as-*
siette.—Chap. 25.—*Forme d'évaluation pour les assiettes.* —
Nous voyons ici que le jeton était encore au XVII° siècle, en
usage pour le calcul :

» Aucuns s'y sont voulu ayder des reigles d'arithmétique, mais la divi-
sion manque en son quotient à trouver les moindres sommes, et puis les
chiffres sont trompeurs. Pourquoy la Chambre des Comptes dont toute l'oc-
cupation est à nombrer, calculer et compter, les a suspects, et n'approuve
bonnement que le ject et le jetton, se servant fort peu de la plume pour
n'en estre la forme cogneuë que de peu de gens, ny commune. »

Chap. 26.—*Des rolles et assiettes.*—Ici le président La
Barre fait l'éloge des laboureurs.

« Sont les laboureurs qui nous nourrissent tous, et en cette considération
d'autant plus à chérir et supporter que leur travail est le plus nécessaire,
utile et profitable, qu'aucun autre qui soit au monde, à cause de leur in-
dustrie soigneuse et innocente, à eux seuls l'usure est permise et loisible.
Un grain de bled jetté de leur main en terre en produit cent, quand il rencontre un terroir propre, bien davantage, Dieu bénissant ainsi la peine qui
est pour le commun des humains..... Si donc du profit que les personnes
apportent, on juge de leur mérite, le laboureur ne sera jamais mésestimé :
quoique simple et grossier, son exercice est préférable à tous autres, et
pourtant non vil de soy ny contemptible. Les roys et monarques ne man-
gent point d'autre pain que celui qu'il leur sème, bat et moissonne ; ils ne
sçauroient vivre sans le laboureur, qui vivra bien sans eux. On luy jette le
fardeau de tout, en paix et en guerre, au contraire qu'on le devroit favori-
ser et supporter et s'accommoder à ses commoditez, et prendre de luy à son
aise, tantost plus, tantost moins, selon que les saisons et années s'adonne-
ront. Et comme il nous fait participans de son travail, et nous engraisse et
entretient des biens qu'il procure, nous sommes tenus tous générallement à
sa protection et deffence. »

Chap. 27.—*Des papiers de collection.*—Chap. 28.—*Des*
controlles des assiettes.—Chap. 29.—*Des exécutions sur les*
contribuables.—Chap. 30.—*Des taxes des sergens.*—Chap.
31.—*Des plaintes contre les collecteurs.*—Chap. 32.—*S'il*
y a voie de cotte contre les collecteurs.—Chap. 33.—*De la*
plainte en cotte.—Chap. 34.—*Si les prestres diminuent le*
taux de leur famille. Les prêtres étaient alors très-nombreux

en Normandie : on sait qu'ils étaient exempts de la taille :

« En Normandie, province chargée d'imposts, soit par dévotion, ou pour
se libérer des tailles, il y a plus de prestres, de gens d'église et de fonda-
tions ecclésiastiques que autre part. Par expérience ce peuple foisonne en
ministres de l'autel, et semble presque en fournir le reste de la France. Et
s'il falloit descharger chasque famille à mesure qu'elle feroit des prestres,
il y auroit bien de la descharge pour les uns, et de la surcharge pour d'autres. Me souvient estant escolier à Sourdeval y avoir ouy conter quarante-
cinq prestres en toutes les meilleures maisons de la paroisse, et ores en la
paroisse de Barenton, y en avoit soixante, outre bon nombre de clercs qui
aspirent à l'estre. Les pauvres y acheminent leurs enfants tant qu'ils peuvent ; mais les riches bien d'autre façon, qui ont de quoy les faire estudier. »

Chap. 35.—*Si le roturier ne possédant que noble est à
modérer.*—Chap. 36.—*Si le roturier prenant qualité noble
s'affranchist.*—Ici se place un éloge des avocats :

« Les advocats sont réputez personnes nobles, *advocatorum nobile genus,*
dit Justinian : leur ordre est le seminaire des dignitez, avec les procureurs
sont les premiers juges des procez, des causes et parties. Par privilège et
concession de nos Roys douze des anciens advocats du Parlement de Paris
et six procureurs peuvent prendre qualité de nobles et aller sur mulle, et
la moitié moins à celuy de Rouen, et ès autres en récompense de leurs
peines et vacations. »

Chap. 37.—*Des démissions et avancemens de succession.*
—Chap. 38.—*S'il y a prescription des tailles.*—Par le président La Barre nous apprenons quelques détails sur les événements du temps. Plein de pitié pour les misères des collecteurs, le magistrat de Mortain dit qu'il ne les a jamais
pressés, et il engage les élus à suivre son exemple.

« J'ay tousjours insisté pour les pauvres collecteurs. Quelque assistance
qu'on leur puisse faire, peu s'eschappent ès grandes paroisses qui ny per-
dent leur bien. Me souvient, en l'an 1599, pour la contagion, en 1603, des
flux de sang, en 1616, des langueurs, qu'il fallut attendre l'hyver ensui-
vant, et bien davantage, avant que d'oser toucher aux meubles. Et en 1615
se fit un tel souslèvement de soldats et soudrilles par les paroisses, qu'il
ne fallut rien demander pendant qu'ils eurent les armes entre mains, ny
long temps après. »

Chap. 39.—*Si les veuves et femmes séparées sont à réduire*

au tiers.—Chap. 40.—*Si rénonciation a lieu en fait de taille.*—Chap. 41.—*Si un contribuable peut payer en deux paroisses.*—Chap. 42.—*Si les acquéreurs doivent porter le taux de leurs vendeurs.*—Chap. 43.—*Des révalidations.*—Chap. 44.—*Si les clercs et nobles tenant rotures sont taillables.*—Chap. 45.—*Des fermiers et de ce qu'ils doivent payer.*—Chap. 46.—*Si les collecteurs sont caution les uns des autres.*—Chap. 47.—*Commissions aux collecteurs pour contraindre.*—Chap. 48.—*Commission aux collecteurs commis pour recevoir les deniers du Roy.*

Le livre troisième contient 5 chapitres.—Le chapitre 1ᵉʳ est relatif aux *officiers des finances*. Là, notre auteur s'élève avec force contre la vénalité des charges : c'était la plaie de son siècle :

« La vénalité et multiplicité d'offices a toujours esté un moyen prompt de tirer l'argent des plus riches alléchez d'ambition. Le pape Adrian VI practiqua le mesme, faisant profit de la vacance des offices et bénéfices. L'appétit d'honneur et le désir d'estre craint et redouté entre les hommes, est un charme qui les traverse ordinairement hors les termes de raison. En sept ans que le roy Louys XII fist la guerre aux Vénitiens, il ne trouva point de moyen plus commode pour trouver deniers que celuy-là, pour lequel souvent les hommes tant plus ils ont de courage, engagent volontiers tout ce qu'ils ont, et biens et conscience. Qui fut la mesme occasion que print le roy François, l'an 1527, à diviser les judicatures civiles et criminelles, exposant les unes et autres en vente, comme aussi tous autres offices, au plus offrant et dernier enchérisseur..... Aujourd'huy tout est en party. Et n'est pas assez d'ériger de jour à autre nouveaux offices, et les vendre au prix de l'or, on a tasché sous ombre de les rendre héréditaires par la palotte, les faire taillables tous les ans. »

Le chap. 2 s'occupe des *Trésors publics*. Après avoir parlé des trésors publics chez les Hébreux, chez les Grecs, chez les Romains et chez les Français, le magistrat de Mortain s'exprime ainsi sur le trésor de Vénise :

« Le plus riche trésor de la chrestienté est celuy de Vénise, non-seulement pour le grand nombre d'or et d'argent qui y abonde, que à raison d'autres richesses, de plusieurs reliques et autres riches pièces qui y sont rares et excellentes, que à cause de deux corselets parsemez de toutes sortes de pierres précieuses des plus singulières et exquises du monde. Encore qu'il soit en lieu fort et bien muny dépendant du temple célèbre de Sainct-Marc, néantmoins se mirent en fait par voye de mine cinq meschans garnemens, l'an 1581, pour le desrober, et en fussent venus à bout, si le silence de la nuit n'eust esventé le bruit de leur mine. Surpris en telle entreprise, ils périrent misérablement. »

Le chapitre 3e a pour objet les *Receveurs généraux et particuliers*; le 4e, *les controlleurs généraux et particuliers*; le 5e, *les termes et payements aux receptes.*

Le livre 4e renferme 4 chapitres. Le premier chapitre roule sur les *imposts en général.* Le fisc était très-ingénieux à trouver la matière imposable, et il n'y avait pas un besoin ni une action de l'homme qui ne fut taxée. Et si, aujourd'hui, de mille sortes d'impôts que cite le président La Barre, vous ne savez plus le nom, rassurez-vous; vous connaissez toujours la chose. L'impôt survit à toutes les révolutions; souvent même il en est la cause. Tout se transforme ici-bas; rien ne périt: l'impôt suit la loi commune; toutes les formes de gouvernement sourient à ce nouveau Protée. L'impôt est un élément essentiel à la conservation des sociétés; c'est par là que Dieu a voulu leur montrer leur faiblesse et leur apprendre que l'imperfection est le caractère de l'humanité. Puis donc que l'impôt est un mal nécessaire, nous n'avons qu'une chose à faire, c'est de le prier de nous être léger. Ces vœux-là, nos pères les formèrent souvent du temps du président La Barre, mais ils furent stériles sans doute; car il faut voir comme le président de l'élection de Mortain s'élève avec force contre les impôts toujours croissants :

« Tantost, dit-il, il n'y a rien de reste en la nature, en l'art, en la manufacture, que l'on n'ait assujetty à quelque tribut; comme si c'estoit mal fait, et s'il falloit payer amende d'estre industrieux et laborieux. Tout ce qui vit en l'air, ès eaux et en la terre est sujet à imposts; il n'y a rien qui s'en exempte : terres, personnes, marchandises sont redevables. »

Ce chapitre sur les impôts est très curieux à lire : le bon sens, la raison, la justice y respirent. Comme notre auteur flétrit les exacteurs ! comme il montre bien que le peuple riche est la gloire du souverain ! Le meilleur prince est celui qui n'écrase pas ses sujets sous le poids des taxes.

« Rien, dit-il, ne fait tant de différence entre les bons et mauvais princes et magistrats, comme les levées de deniers extraordinaires. Nos ancestres bien advisez avoient remarqué cela en la contenance des statues de nos roys érigées en la grande salle du Palais à Paris ; celle des bons, qui estoient bien vers Dieu, avoient avant l'embrazement dudit lieu, qui advint de nuit, l'an 1618, les mains levées en haut. Des mauvais estoient tournées en bas, comme toujours prests à prendre ; et des autres qui ont pris et laissé, l'une en haut et l'autre en bas. Louys unziesme qui avoit fort exigé du peuple, craignant qu'on les luy mist bas comme de pires, s'advisa de son vivant à se faire mettre mains jointes devant l'image de la Vierge Marie. »

Extrayons encore de ce chapitre, que nous voudrions pouvoir citer en entier, l'anecdote suivante :

« François II, duc de Bretaigne, allant un jour à Rennes pour introduire la gabelle, eut de rencontre sur le chemin un pauvre paysan qui portoit son coq sous son bras, et menoit sa fille et sa femme, menaçant, si l'interrogea où il alloit : le paysan luy respondit qu'il alloit à Rencs se desfaire de ces trois mauvaises bestes, de sa femme et de sa fille pour les mettre en service, et vendre son coq pour avoir quelque argent pour gaigner pays, et qu'il falloit tout quitter à cause des imposts. Le duc, piqué de ce mot, se retint de son dessein, et ne fist pas ce qu'il s'estoit proposé : ayma trop mieux retrencher de sa despense, et fist fort bien. »

Le chapitre 2 a pour titre : *De l'invention des imposts et subsides*. L'auteur recherche quelle est l'origine des tributs ; ce qu'ils étaient chez les Hébreux, les Assyriens, les Babyloniens, les Egyptiens, les Perses, les Grecs, les Romains, et ce qu'ils sont chez les peuples modernes. Il termine ce curieux chapitre par cette conclusion :

« Quelque part que l'on aille, du levant au ponant, et du nord au sud, là où il y a à prendre, les roys et princes veulent avoir leurs redevances. »

Dans le chapitre 3ᵉ, *De la conséquence des tributs*, le président La Barre flétrit les rois qui n'ont pas pitié des misères du peuple.

« Quelle honte leur sera-ce, dit-il, quand on lira qu'au siècle 1500, on fit

racheter aux ecclésiastiques leurs barbes et leurs cheveux ! Quand on trou-
vera par escrit que l'an 1582 avoit esté mis en délibération le treu sur la
façon et naissance des enfants, sur les maisons , sur les cheminées , sur les
procez ! Et l'an 1602 , quand on voulut contraindre les advocats et procureurs à achepter la puissance de leur exercice et le loyer de leur suffisance!
Brief, qu'il fut mis un impost général sur toutes choses, qui fut trouvé
tant onéreux qu'on fut contraint tost après l'abolir, ou du moins commuer
de nom et annexer avec la grande cruë.

Dans le chapitre 4°, *Accidens des exacteurs* , notre auteur dit :

La haîne et mal-veillance du peuple ne peut estre sans qu'il advienne
quelque triste accident. Ceux qui encourent les imprécations de tant de
gens, ne peuvent estre à couvert de la vengeance divine. Tost ou tard ad-
vient mal à ceux qui mal font, et souvent en la vie présente, afin de donner terreur aux autres. Les punitions de Dieu s'exercent en diverses façons;
les unes subites et les autres lentes et morosives ; les unes avancées et les
autres retardées et en ce siècle et en l'autre. Les histoires font foy de la
subversion de tant d'Estats , à cause des exactions.

Puis il mentionne les exacteurs qui ont été punis :

S'adressa un jour, dit-il, à Charles VI un bonhomme d'ermite incogneu ,
qui luy prédit la mort de sa fille et la maladie de sa femme, l'advertissant
au reste qu'il n'auroit oncques enfants qui eussent vie, s'il ne relaschoit les
tailles et tributs qu'il avoit imposez sur le peuple. On ne peut mieux se
rendre favorable à la divine Majesté sinon en bien faisant. Pour avoir né-
gligé cet advertissement le pauvre prince gasta tout et se ruinant soy mesme
fut frappé d'insipience. Pour obtenir donc les saincts désirs du peuple, faut
l'obliger, et luy faire du bien, le soulager et descharger de toutes impositions, autant que faire se pourra.

Le cinquième livre comprend trois chapitres. Au chapitre
1ᵉʳ, *Des foires et marchez*, le président La Barre mentionne
l'établissement de la foire de Guibray :

Guillaume-le-Conquérant, aimant Falaise, à cause de sa mère, Arlette ou
Arluyne de Verpré, qui en estoit native, donna les foires de Guibray, qui
durent huit jours , se rencontrans au plus beau temps de l'année , le 16
d'aoust, dans un beau bourg et bien basti, au milieu de Normandie, ayant
ses juges, gardes et officiers, et ses franchises et libertez. Pour monstrer
de plus en plus ses bienveillances vers les falaiziens, les déclara francs et

exempts de toutes coustumes, péages et travers ès foires et marchez de Normandie.

Il parle encore, au même chapitre, des foires établies à Mortain :

« L'an 1613, Louis XIII à présent régnant octroya la foire de la Sainct Michel à l'Ermitage de Mortain, en faveur de Mademoiselle Anne, Duchesse de Montpensier, et comtesse du dit Mortain, à qui Dieu doinct alliance et lignée en toute prospérité. Précédente celle-cy Mortain a deux autres, de la concession de Louys XII, l'une le premier de may, et l'autre le samedy d'après la Trinité. »

Le 3e, *Des droits de coustume et estallages ès foires et marchez*, offre un document très-précieux, ayant pour titre : *Déclaration de cequi est deu au domaine du Roy, à cause de la Prévosté de Caen, selon l'imprimé de Mengeant, l'an 1619* (¹).

« Et premièrement.

Au marché de Caen ou ailleurs, au jour du lundy, pour chacun cheval ou jument vendue, le vendeur, 2 deniers, et l'achepteur, 1 denier.

De troque de cheval, jument ou poulain, la coustume se double.

Asne ou asnesse vendue, le vendeur, un denier ; l'achepteur, un denier.

De chacun bœuf ou vache vendue, le vendeur, 1 denier ; l'achepteur, 1 denier.

De chacun porc ou truye vendue, le vendeur, 1 denier, et l'achepteur, 1 denier.

Et si la truye a des cochons qui tettent, ils ne doivent rien s'ils ne sont vendus à part ; mais s'ils sont vendus à part, le vendeur doit 1 denier, et l'achepteur, 1 denier.

De brebis ou moutons vendus, l'achepteur, 1 denier, et le vendeur pour chacune beste, 1 denier.

(¹) M. Léopold Delisle, dans son remarquable travail sur les *Revenus* publics en Normandie au XIIe siècle, fait grand cas de cette pièce historique. « Peu de marchandises, dit-il, échappaient à ces droits (droits sur la vente), qui souvent étaient perçus sur le même pied que ceux de circulation. Plusieurs tarifs du XIIe siècle nous sont parvenus. Le plus ancien est celui qui est inséré dans les chartes de franchises de Verneuil et de Pontorson. Celui de la prévôté de Caen lui est postérieur d'environ soixante années ; mais, pour être bien compris, ce tarif doit être rapproché de la *Déclaration de ce qui est deu*, etc. (Bibliothèque de l'Ecole des Chartes, 5e série, tome Ier, mai-juin 1850, 5e livr., p. 412, note 8e).

Aigneau naiz devant la S. Jean ne doivent rien ; mais s'ils sont naiz d'après la S. Jean, ils doivent coustume.

De cheval ou jument qui traverse la ville, 2 deniers, et le poulain qui suit la mère ne doit rien, s'il n'est d'après la S. Jean.

De chacun bœuf ou vache qui traverse la ville, 1 denier.

De brebis ou mouton qui traverse la ville, des deux, 1 denier.

D'une chèvre, 1 denier.

De chacun porc ou truye qui traverse la ville, 1 denier.

Celui qui achepte à la ville pour cinq souls tournois de chair de bœuf, vache, mouton ou porc, doit 1 denier.

De chacun tonneau, pippe, demi-pippe, poinçon, ou cartaut de vin apporté à la ville, ou remporté d'icelle, pour chacune pièce, 12 deniers.

Et si les pièces de vin ou aucunes d'icelles soient de travers la charette, ils ne doivent que 6 deniers.

Vin apporté par la mer, de chacune pièce de vin, 2 sols.

Sidre apporté par mer ou par terre, de chacune pièce, 4 deniers.

De chacun fond apporté par mer ou par terre, 2 deniers.

Suif et oingt emporté par mer ou par terre, de chacun cent, 4 deniers.

De chacun muid d'huyle, 12 deniers.

De chacun millier de morue apporté par mer, 6 sols, 8 deniers.

De chacune poëse de sel apporté par mer, 6 deniers.

D'un setier de sel emporté, 1 denier ; de la charetée, 4 deniers.

D'œuvre de poids, comme cire, estain, allun, garence, brezil, acier et fer, de chacun cent, 4 deniers, qui est pour millier, 3 sols, 4 deniers.

D'un cent de mindraille et de chanvre, 4 deniers.

De chacune pièce de poterie ou potellerie porté hors la ville, pourveu qu'elle soit d'airain, 1 denier.

D'une poëlle de fer, 1 denier.

De chacune poëlle d'airain, ou chaudron, 1 denier pour chacune pièce.

D'une chaudière, 4 deniers ; d'une enclume, 4 deniers ; d'outils à orfèvre, 2 deniers.

De chacune somme de feronnerie, 4 deniers et outre 1 denier. D'aide de ville coustumière, deu 6 deniers pour la première somme, et de toutes les autres, 4 deniers.

D'un soc à charrue, 1 denier : d'un coutre ou espaullart, 1 denier.

D'une charetée de feronnerie ou clousterie, 16 deniers.

De chacun cent de laine lavée, 8 deniers ; de chacun cent de laine avec le sic, 4 deniers ; d'une toizon, 1 denier ; d'un quarteron, 1 denier ; d'une peau, 1 denier.

De cuirs ou peaux apportez par la mer, de chacun fest, 10 sols ; et s'il y a cuirs outre fest, pour chacun cuir, 1 denier. Et de celuy qui l'acquitte se nomme tacque, il ne doit que 6 deniers, et s'il ne les nomme tacque, de chacun, 1 denier.

De chacun cuir, de quelque sorte que ce soit, 1 denier ; de chacune pièce de cuir achepté, 1 denier.

Les malades de Beaulieu doivent avoir sur chacun fest de cuir d'outre-mer, 2 deniers.

De chacun cent de peaux de moutons, de chevreaux, de connils, de chacun dix d'aignelines, de putois, de chacun cent, 4 deniers.

De la douzaine de peaux de chats, de renards, de goulpes, de ponterets, de bellettes, de soubelines, de martines, de léonnets, de la douzaine, 2 deniers s'ils sont nommez par tombes, qui est vingt peaux, 4 deniers.

De chacune penne, peliche ou pelichon, ou couverture de quelques peaux qu'ils soient, pour chacune, 1 denier.

De la douzaine de cordouen ou mazenne, 2 deniers.

De la charge de voide porté hors la ville, 2 deniers.

De la charetée de voide, 4 deniers. Chacune charetée de voide paie en la prévosté, 8 deniers. Aussi faut sçavoir que tout navire qui charge en autre lieu qu'en la rivière d'Orne, qu'aux guais de Caen, charge à faux guais et doit entre les autres coustumes 3 sols pour son faux guay et double.

De chacune somme de chère-cendre, 4 deniers, et d'aide coustumière la première somme, 6 deniers, et toutes les autres sommes, 4 deniers.

D'une pippe ou tonneau de cendre, 4 deniers.

Du cent de plumes, 4 deniers ; d'un quarteron, 1 denier.

De faix de poyvre, 8 deniers.

De faix de connin ou civette, 8 deniers.

De poix de raisin blanc ou noir, de chacun cent, 4 deniers.

De chacun cent de figues, 4 deniers.

De chacune somme de charie, 2 deniers.

De tretin à charue ou charette, 2 deniers ; de la charette ferrée, 2 deniers ; de chartil sans roues, 1 denier ; de roues sans chartil, 1 denier ; de chacune charue, 1 denier.

D'une huche ou coffre à serrure, 2 deniers ; sans serrure, 1 denier.

De la charge de roseaux pelez, 1 denier ; de la charetée de roseaux pelez, 2 deniers ; s'ils ne sont pelez, ils ne doivent rien.

Du cent de fusts de lances, 4 deniers.

De chacune meulle à moulin, 1 denier ; si elle est percée, 2 deniers.

De chacun petit meulard, 1 denier.

D'un paquet de coutil, 8 deniers ; d'un coutil, 1 denier.

D'une couette, 4 deniers ; d'un traversin, 2 deniers ; de chacun oreiller, 1 denier.

De chacune serrure à fenestres, 1 denier ; de chacun truble ou fourche, 1 denier.

De chacune sie, 1 denier; d'une faux, 1 denier, et si un homme en a deux, il ne doit qu'un denier; d'un cent de faux, 4 deniers.

De chacune somme de trepiers, 1 denier; d'un trepier, 1 denier.

De chacun millier de clou, 1 denier; de chacune bande à charrette, 2 deniers.

De chacune ruche, 1 denier; si elle est emboutée, elle ne doit rien.

De platte, quasquets, haberts, 4 deniers.

De chasse de fer, 2 deniers; de la douzaine de bassinets, 2 deniers.

Du pied de fer œuvré, 1 denier; de chacune coignée, 1 denier.

De chacune doleure, 1 denier; qui les porte sur le col ou sur le cheval, 2 deniers, en charette, 4 deniers.

De chacune somme de blé, soit sur le col ou sur le cheval, pourveu qu'il y en ait 3 boisseaux remporté, à 2 deniers; en charette, 4 deniers.

De chacun tonneau, pippe, poinçon ou tondelle, baril ou cartant de haranc, de chacun, 8 deniers; de chacune somme de haranc, 2 deniers.

Du cent de cire apporté ou remporté, 4 deniers.

D'un couvrechef, 2 deniers.

De chasuble qui n'est point bénist, 1 denier; s'il est bénist, ne doit rien.

De chacun drap d'Escosse, 2 deniers; de poisle de singlation, 2 deniers.

De troussel de draps, langes, 8 deniers; de troussel de draps, linges, 8 deniers, et s'il y a draps, linge et lange audit troussel, 16 deniers; s'ils sont plusieurs marchands ou compagnons audit troussel ou ballot, chacun doit 8 deniers, soit par mer ou par terre.

De chacun paquet cordé, 8 deniers; de chacune pièce de drap emporté ou remporté par mer ou par terre, qui n'est point cordé, 2 deniers.

De chacun drap porté au foullon, 2 deniers; de chacune pièce de drap acheptée, pourveu qu'il y en ait cinq aulnes, 2 deniers.

De chacun faix à col de mercerie, 1 denier, et s'il y a des bonnets, 4 deniers, et d'aide coustumière, 6 deniers.

De chacune somme de retapellé, 2 deniers; de la charetée, 4 deniers.

De cent de fruitiers, 4 deniers.

De chacune livre de soye non œuvrée, 1 denier.

De chacune charetée de bois dollé, 4 deniers; de la charetée de bois non dollé, 2 deniers.

Le barrier le reçoit.

De la charetée de latte, 4 deniers; de la somme, 2 deniers.

De la charetée d'aix, 4 deniers; de la charetée de retz, 4 deniers; de la charetée de cercles à tonneaux ou à pippe, 2 deniers; de la somme, 1 denier.

De la charetée de bressieux, pelles, lattes, fust de basts, batteurs, herches allecteurs à moulin, 2 deniers.

D'un outil de tellier, **1** denier ; du paquet d'outils de tellier, soit à pied ou à cheval, **2** deniers.

De chacun chary, cuve, de tron de bois, **1** denier.

Du cent de harenc à col ou à cheval, **2** deniers.

De chacune couleur de laine tainte, **2** deniers.

De chacun mantel de penne, **1** denier.

Du pacquet cordé de pelleterie, **8** deniers.

De chacune sorte de verdage remporté, pourveu qu'il y en ait à treize deniers, **2** deniers ; de la somme, **2** deniers ; de la charetée, **4** deniers.

De chacun muy de bled emporté par la mer, **2** sols.

De chacun septier de pommes venues par la mer, **4** deniers.

Ensuivent les choses à demander pour les navires.

Et premièrement.

De chacune nef soit petite ou grande, soit dès qu'elle est arrivée à Oistreham, pour son siége, **2** sols **6** deniers, dont le clerc de la prévosté en a **6** deniers, pour le perrage , **4** deniers, excepté les nefs d'Angleterre , qui doivent chacune **3** sols **4** deniers.

De chacun marchand de Gascogne ou d'ailleurs, de quelque pays que ce soit, s'il vendoit ses vins à un sien compagnon, depuis qu'il seroit entré en la rivière d'Orne, il payeroit demy coustume, qui est pour pièce **4** deniers.

La rivière d'Orne avec les barcs, ponts et passages jusques au pont de la bataille, sont de la prévosté de Caen, excepté la pescherie de la mer, qui commence à Mayé sur Orne, sauf les droits que les passages y prennent.

Et si aucun vient le chemin ferré devers Falaize , Bayeux, Lisieux , ou quelque chemin qu'il vienne et passe par chaussée ou ailleurs, pour fuir à venir à la ville, le prévost le peut suivre, quelque part qu'il sera trouvé, pour payer l'amende.

Nef qui apporte fusts ou boys, de quelque sorte qu'ils soient, doit de vingt-quatre pièces la vingt-cinquième pièce , et si les fusts ou pièces de boys sont grandes, comme sont trets, sommiers, chevrons, coulombes, celuy de qui ils sont prendra premièrement les deux meilleurs qu'il lui plaira; après, ainsi comme il est dit, de vingt-quatre pièces de carrez de gloës une glos.

Nef qui viendra d'Angleterre doit guey, qu'elle apporte **3** sols **4** deniers, dont le clerc de la dite prévosté en a **2** deniers, quoy qu'il soit vendu dans la nef, et si aucunes choses sont vendues hors la nef, tout s'acquittera , fors les sus dits **3** sols **4** deniers.

Et si la nef apporte aucuns fruicts ou ayets, boire ou manger, le prévost en doit avoir un présent, avant qu'il ait licence de descharger.

Et si elle ou autre nef apporte harencs, ou en doit un cent au prévost ; mais tout ce qu'il remontera s'acquittera.

Et doit-on sçavoir que toute nef, depuis qu'elle est venue à Oistrehan et dedans le port d'Orne, elle ne peut ny ne doit descharger ses marchandises à Oistrehan, ou autre lieu, fors que à Caen, mais elle peut tant seulement alléger son faix pour venir plus légèrement ; mais encore elle n'en peut rien faire sans le congé du prévost.

Item depuis qu'une nef sera entrée dans le dit port, elle ne peut aller ailleurs qu'elle ne soit en amende et volonté dudit prévost.

Mais si une nef est frétée pour aller ailleurs, et par aucune nécessité elle arrive par fortune de temps à Oistrehan, elle s'en peut aller en payant sa loyalle coustume, et si elle descharge une de ses marchandises, elle payera double coustume.

Toutes les marchandises qu'elle apportera à Caen, en pourront estre emportés, par icelle même coustume.

Item une nef ne peut demeurer à Oistrehan qu'elle ne vienne ès quays de Caen, si ce n'est par le congé du prévost. Et doit-on sçavoir que la nef qui apporte busche, que l'on nomme tache, doit de son siége 6 deniers, dont le clerc en doit avoir 3 deniers, et icelui par trois fois l'an 2 sols 1 denier.

Item si aucun bourgeois de la dite ville demeurant et résidant va hors pour marchander, en quelque pays que ce soit, doit acquitter ce qu'il emporte hors, s'il n'y emporte rien fors sa malle, si payera-t-il 4 deniers, et les marchandises qu'il apportera ne payeront point de coustume, soit quitte ou non, excepté vins et autres breuvages, et s'il vend ses denrées en la ville de Caen, excepté boires et bestes, il n'en payera rien ; mais tout ce qu'il emportera hors la ville s'acquittera, tout ainsi comme s'il n'en estoit point.

Tous marchands, coustumiers qui envoient leurs marchandises pour revendre, doivent 4 deniers pour le clerc et pour le sergent.

Aussi sont demandez à chacun marchand forain chargeant marchandise pour porter hors, 12 deniers pour chacun grenier fait à navire, dont le prévost en a 8 deniers, le clerc et le sergent en ont 4 deniers.

La foire du Pré doit estre criée et livrée trois jours avant la feste S. Denys, et dure jusques à la vigile S. Gabriel heure de vespre, et doit l'abbé de S. Estienne de Caen, du siége de la dite foire durant, sept coquets entiers (c'est-à-dire sans estre chastrés) rostis sans lard, sept pots de vin huet et sept pains, dont le porteur de vin doit boire un pot de vin, et manger un coquet et un pain, doit jetter le pot contre la porte du dit prévost. Et faut noter que durant la dite foire du Pré les coustumes sont comptées, tant des fauxbourgs qu'en la ville, et sont totalement au prévost.

Le prévost doit rendre au célerier de l'abbaye S. Estienne de Caen, au siége de la dite foire du Pré un cent de poires de S. Rieul.

L'abbé de S. Estienne de Caen doit deux pots de vin huet d'Argences, rendus à la Croix de devant l'abbaye, à ceux qui crient le gabelage pour le prévost.

L'abbesse de Caen doit deux pots de vin de Gascongne et deux pains, rendus au cimetière de S. Gilles de Caen, à ceux qui crient le gabelage pour le prévost.

L'abbé de S. Estienne de Caen doit par chacun an à la S. Michel deux septiers de froment mesure d'Arques au prévost, et tous les dimanches quatre pains.

L'abbé de Trouart doit par chacun an au prévost du dit Caen un muy de cervoise, trente-deux pains et deux cents de pipernaux, et sont deuz au dimanche des brandons.

L'abbé de Fontenay doit au prévost de Caen 60 sols tournois par chacun an, pour la franchise des sept paroisses ou villages, pour passer à leur barc, tant seulement pour leur user, sans nulles marchandises. Et sont les paroisses S. André de Fontenay, S. Martin, Estavaux, Fuguerolles, Bully, Maltot, Vieux, le barc de Fontenay et faux pas en la prévosté de Caen, et quiconque y passe il forfait ses denrées et voitures, excepté les sept paroisses dessus dites.

Toutes les marchandises et denrées peuvent passer au barc durant la foire d'Aunay séante en avril.

Item semblablement durant la foire de Guibray séante à Falaize au mois d'aoust.

Item durant la foire nostre Dame Angevine séante à Evrecy, durant le vespre veille de la dite foire jusques au lendemain heure de vespre.

Item le temps des dites foires durantes, le prévost de Caen fait cueillir par deux gens la coustume, lesquels sont aux despens de l'abbé de Fontenay.

Le prévost de Caen souloit prendre sur les moulins de l'Hostel-Dieu de Caen 20 livres par chacun an; mais pour le présent le prévost ne les a point; car ils sont réservez en bénissant icelle.

La foire S. Michel est rendue à l'abbé le jour de devant la vigile de la dite feste, et la tient jusques au lendemain d'heure de vespre qu'elle vient en la main du prévost.

La foire de la Trinité est rendue à l'abbesse de Caen, le vendredy heure de vespre avant la Trinité, et dure jusques au lundy, heure de vespre, et pour le présent dure jusques au jeudy, heure de vespre qu'elle vient à la main du prévost.

Ensuivent les ponts, barcs et passages de la prévosté de Caen :

Le pont de la Mousse,

Le pont de Thury,

Le pont du Homme,

Le pont de Coudrey,

Le barc d'Athy,
Le barc de Colombelles,
Le barc du Port,
Le barc d'Oistrehan.

Ensuivent les redevances deuës à la prévosté de Caen outre les choses dessus dites.

Comme il est cy devant dit, l'abbé de Fontenay doit à la prévosté de Caen 60 sols chacun an.

L'abbaye de Caen doit à la prévosté, au terme S. Michel deux septiers de froment mesure d'Arques, et tous les dimanches quatre pains.

Verson doit payer à la prévosté, pour demeurer quitte et franc et à icelle, 4 livres par chacun an au terme de Pasques.

Breteville sur Odon doit payer à la prévosté pour chacun an, pour demeurer franc à icelle, 40 sols au terme de Pasques, et sont prins sur le thrésor d'icelle paroisse.

Le contenu en la présente déclaration devant écrite, a esté déclaré exécutoire par nous juges et officiers pour le roy en la Vicomté du dit Caen soussignez, pour jouir par les fermiers de la dite prévosté par provision et en attendant que plus amplement il en ait esté ordonné, suivant la sentence donnée en cette jurisdiction, le lundy quatriesme jour de mars dernier. Et la présente délivrée à maistre Charles Vernon, bourgeois de Caen, de présent fermier d'icelle prévosté, pour s'en servir, comme il est ci-dessus mentionné. Aujourd'hui mercredy dix-neuviesme jour de juin 1619.

Signez DE LA COURT, SARRASIN et MOTEL. »

Le livre 6ᵉ n'a qu'un chapitre : *du sel et sallages* :

« Le sel est une des mannes et principales minières de la France, dont graces à Dieu nostre bas pays de la Normandie en a suffisance, et de naturel et d'artificiel.... Nos roys, continue notre auteur, se sont formellement bien embesongnez et dressé des siéges, establi des juges et des jurisdictions pour cognoistre du sel, assigné rentes dessus, et les gages des Parlemens, des Comptes, des Présidiaux sur ces gabellages, afin d'obliger tous tels officiers à maintenir telles exactions. Au surplus désirant un peu enrichir ce traité du sel de nos recherches, je supplie le lecteur d'un peu de patience, et de ne s'ennuyer non plus de lire ce qui ensuit que j'ay fait à le transcrire. Le sujet est nouveau et non encore bien déclaré ou expliqué par aucun que je sçache. Rien n'est si commun que le sel, rien tant familier en nostre ordinaire ; mais toutefois ne sçait-on pas assez ce que c'est que le sel. C'est le premier apposé et le dernier déposé de dessus la table. C'est la sausse et assaisonnement de toutes viandes. On ne sçaurait manger un œuf sans sel. C'est le premier mets qui se met en la bouche du chrestien. »

Le président La Barre indique la manière de faire le sel, sa nécessité, ses divers usages. On voit que, dès le temps même où vivait l'auteur, le sel était employé comme excellent engrais :

« Prins et appliqué en petite quantité, le sel fortifie et aide de soy la production. Ceux qui en meslent un peu avec leurs semences, qu'ils veulent jetter en terre, les frottant avec, les rendent en leur production plus vigoureuses, plus nettes, et moins sujettes à la rouille. »

Le magistrat de Mortain flétrit de son amère censure ceux qui ont mis un impôt sur le sel ; il craint même que Dieu, irrité de ces taxes, ne retire au monde le sel, ce présent de ses mains.

« Gardons, je vous supplie, dit-il, que les partizans qui ont à leur malheur et dam du peuple, tant enchéri et baffoué le sel en ce royaume, ne soient occasion de provoquer tant de malédictions du peuple, que Dieu irrité ne nous prive et spolie de telle grâce et bénédiction, laquelle emporte avec soy heur et prospérité en matière de foy, de religion et créance, d'union et concorde. Si la foy des Gaulois a esté entre les Anciens magnifiée, et la Gaule célébrée pour s'estre exemptée de monstres et d'hérésies ; elle n'a moins de loz de sa persévérance en icelle, et de garder à Dieu loyauté, et à son église, la première promesse qu'elle luy a faite, goustant cette première miette de sel qui lui a esté mise en la bouche au baptesme. Ainsi nostre religion se sert de sel en maintes cérémonies et actions de piété, assavoir à sanctifier l'eau baptismale et bénite, et à estrener les baptisez et futurs chrestiens.

« Lesquels encore de cela ne se contentoient pas, mais faisoient saupoudrer les corps des trespassez, pour les conserver de putréfaction, et leur donner autant de durée que la salaison en pouvoit porter à ceux qui n'avoient autre moyen d'embausmer, et les réserver en l'espérance de l'immortalité. Car sans doute les mesmes restes d'iceux qui se gardoient par deçà, seront employez des premiers à leur résurrection générale, ainsi que bien au long nous l'avons exposé au traitté des reliques, tome 2, des Saincts...

» Vrayement le sel n'est pas de peu d'effect en nature, ny de vile signification, il est signal et symbole de foy, de discrétion et loyauté, se traite et doit traiter apposé sur la table dignement ; on le figure en croix ; on le prend avec la pointe du couteau petitement ; est deffendu d'y mettre les doigts ; est tenu à meschef de respandre la salière. Quant aux princes qui ont une foy d'excellence sur tous autres, qui jurent en foy de princes, ne l'ont jamais commun en table avec les autres, ains à part soy dans le coin de leur assiette à cadenas. »

Le livre 7ᵉ comprend 5 chapitres.— Le chapitre 1ᵉʳ traite *des vignes et breuvages de l'homme*. Il s'ouvre par un curieux éloge du vin. L'auteur prend chaleureusement sa défense contre les détracteurs de cette divine liqueur :

« L'église, dit-il, n'a jamais improuvé l'usage du vin : tant s'en faut ; elle s'en sert à diverses occasions : au sainct sacrifice de la messe, aux nopçages, à la communion, et aux cérémonies chrestiennes. O que bénite est la plante de vigne, dont le suc et le vin est employé à tant sacrosainct usage, d'estre commué et converty au sang du Seigneur des Seigneurs, pour estre breuvage à la vie éternelle, et servir de matière à un mystère que nous ne pouvons icy comprendre que par la foy ! »

Il vante les propriétés médicinales du vin :

« Il aide la digestion, consomme le flegme et mauvaises humeurs, corrige les défauts du ventricule, et prins modérément, est un vray antidote et médicament contre les imbécilités naturelles. Un temps fut que le vin, non encore bien commun, se vendoit par les apoticaires, comme réservé aux malades. Ils en vendent encore mixtionné de maintes façons, de myrrhe, d'absinte, de miel, de poyvre, de sucre et autres ingrédiens à divers effets de la nature et de la médecine. Aux pays septentrionaux s'en trouve à peine que chezeux. A faute de quoy, et qu'il ne se peut conserver qu'il ne glace ou aigrisse, aussitost le pape Paul IIII leur permist pouvoir célébrer la saincte messe avec raisins secs trempez en eau, et exprimez au calice. »

Puis l'auteur parle de la diversité des vignes et des vins, avec force citations puisées dans les livres grecs et latins et dans la Sainte-Ecriture. Il n'oublie pas les vins de la Basse-Normandie :

« Ils sont, dit-il, tant verts et aqueux qu'ils n'ont guères besoin d'eau, si ce n'est pour les adoucir ; le Colihou près de Rouen, le trenche-boyau d'Avranches, et le Rigaut d'Argences monstrent assez à les ouyr nommer ce qu'ils sont, dont a esté fait par contrepoint tel quolibet :

> Le vin trenche-boyau d'Avranches
> Et rompt-ceinture de Laval
> Amandé à Rigaut d'Argences
> Que Colihou aura le gal. »

Le président La Barre mentionne encore, dans ce chapitre, les taxes dont le vin était frappé :

« Le vin est butfeté ; il est fouctté, mené par mer et par terre, sindiqué aux entrées de villes, escumé aux ports et passages ; on luy fait payer la traite, le travers, son reposoir, sa descente, son détail, le débit, mesme la faculté de le vendre en gros. »

Dans le 2ᵉ chapitre, *Des boissons de l'homme, bières, cervoises et autres,* l'auteur du Formulaire des Esleuz s'exprime ainsi sur le plaisir de boire :

« De vray, le plus grand et durable plaisir qu'ait l'homme en sa vie, est au boire : le manger est pénible ; il faut mascher, remascher et masticoter sa viande pour en avoir le goust et l'avaller ; le boire est plus prest, et toutefois qui se coule petit à petit, comme l'on veut. »

Il parle aussi d'un breuvage usité en Basse-Normandie :

« Les Ecossois encore dujourd'hui font du breuvage de lait clair, gardant le megne du beurre, et autre lait, qu'ils mettent à surir dans vaisseaux de bois ou de terre, meslans trois fois et davantage d'eau que de lait. En la Basse-Normandie, pour l'abondance qu'ils ont de vaches, amassent ce lait sûr pour leur caresme, le nommant du caudel. »

Le 3ᵉ chapitre traite des *pommes et pommé.* Il s'ouvre par la pomme du paradis terrestre qu'Eve présenta à Adam. Le fruit défendu était-il une pomme ou non? Longue et curieuse dissertation à ce sujet.—Arbre du *bien* et du *mal* : fruit du bien et du mal. Eloge de la pomme :

« C'est un beau tiltre d'honneur à la pomme et au pommier d'estre nommez et qualifiez de la bouche de leur créateur pour arbre et fruict de science de bien et mal, non qu'ils fussent tels en nature, mais en signification et preuve de l'advenir, et que la bonté de leur plant s'est continuée, et continue, comme des plus utiles et commodes de tous autres, soit pour le manger, ou pour l'extraction du jus qui s'en fait, liqueur fort propre et salutaire pour le breuvage des humains et entretien de leur nourriture. »

Mais qui le premier a fait le cidre? C'est un Normand, répond notre auteur.

« Le Normand, comme si la gloire de telle invention luy estoit particulièrement acquise, a le mieux procédé, et procède pour ce regard actif, et laborieux à les planter et greffer, sçait aussi le mieux les assaisonner, resserrer, mainbonir et pressurer, ayant excogité des tours de carreau propres et des royaux pour les piler et concasser, d'asseoir le marc avec estrain, pour le retenir, et en extraire le jus et le suc, et le pressoir, brebis et mouton pour l'espraindre, et faire sortir sa substance, avec vaisseaux propres pour le mettre et recevoir. Car sa nature est de se meurir d'autant plus aisément, et se deffendre de l'évent, que plus il est mis en grands vaisseaux, qui est occasion qu'on le réserve dans des tonneaux. Le sidre amende mis ensemble. Pourquoy on les met dans tonnes et tonneaux d'excessive grandeur, de quarante et de cinquante pipes, telles que se voyent y avoir plusieurs ès bonnes maisons et abbayes, à S. Estienne de Caen, à Savigny, et à saincte Barbe en Auge, et ailleurs. »

Il paraît qu'en 1603 il y eut des pommes en abondance :

« En l'an 1603, dit notre auteur, on fist des sidres pour quatre et cinq ans, estant des pommes, et si grande quantité qu'il ne fut possible de les loger, ni assaisonner du tout, tant ce fruit se multiplie quand l'année rencontre ! Il est vray que le résidu et reste ne se perd pas , il cède à maints usages, s'en font des migots et réserves ès greniers sur de la paille pour l'arrière-saison ; les morsilles servent à nourrir et à engraisser les pécunes et bestes porchines ; voire l'autre bestiail n'en est que trop avide et glouton, en mangeant volontiers. »

D'après le président La Barre, le meilleur mode de pressurage est en Normandie ; puis vient l'éloge du cidre ; c'est le plus délicieux breuvage après le vin. Mais quelle est l'étymologie du mot cidre ?

« Quant au mot sidre, dit notre auteur, qui le tireroit de sydrae, luy donneroit un bon parrain ? »

Longue digression à ce sujet ; il invoque, à l'appui de son opinion, l'hébreu, le grec et le latin. Ensuite vient un pompeux éloge de la pomme :

« Quand il n'y auroit que l'odeur et senteur des pommes, on ne luy pourroit mécognoistre ou denier son insigne qualité. Les raisins n'ont rien de tout cela. »

Ici l'auteur énumère les qualités médicinales de la pomme. Nous ne reproduirons pas ces détails ; car tout ce que le président La Barre a déjà dit du vin, de la bière, du cidre, des pommes, et tout ce qu'il va dire *des poires et poiré*, dans le chapitre 4ᵉ, est emprunté au *Traité du vin et du sidre* de

Julien de Paulmier, dont nous nous sommes occupé dans le 4ᵉ volume des *Mémoires* de la Société d'Agriculture, Sciences, Arts et Belles–Lettres de Bayeux. Voir notamment les pages 269, 272, 273, 274.

Dans le 5ᵉ chapitre, le président La Barre parle des *tavernes, hostelleries et cabarets*. Il nous raconte l'origine des tavernes ; il nous cite les peuples renommés pour leur hospitalité :

« De présent encore, dit-il, la noblesse françoise se monstre libérale et magnifique à tous passans et pélerins. »

Le christianisme a civilisé et adouci les mœurs des nations les plus barbares. Partout, dans toutes les villes, il y a des hôpitaux, et, dans les abbayes, il y a des chambres pour les étrangers. A ce propos, le magistrat de Mortain raconte une petite anecdote :

L'empereur Rodolphe premier bastit Azel, abbaye fort opulente, à cette mesme intention de recevoir et substenter toutes sortes d'honnestes gens, et principalement les pauvres indigens et souffreteux, pour ce fist graver en lettres d'or sur la porte :

Porta patens esto, nulli claudaris honesto !

y mettant pour abbé, Martin, lequel homme mesquin et chiche voulut apposer une virgule après *nulli*, frustrant l'empereur de sa fondation : pourquoy il fut déchassé, et l'abbaye baillée à un autre occasionna ce mot de rizée *propter unum punctum Martinus perdit asellum*, qu'on tourne abusivement, pour un poinct Martin perdit son asne. »

Il paraît qu'alors les tavernes ne jouissaient pas d'une bonne réputation :

« D'an en an, dit notre auteur, on les deffend presque durant le divin service, aux habitauts des villes, à jour de feste et de dimanche, et aux forains, une lieue près de leur domicile.

« Nos ordonnances de François Iᵉʳ, de Henry II, de Henry III les interdisent à tous magistrats et gens de justice. »

Il paraît aussi qu'alors les hôteliers rançonnaient les voyageurs. L'auteur s'élève avec une vertueuse indignation contre les taverniers qui vendent tout à un prix excessif :

« Qui gaigne torsionnairement, dit-il, hazarde son âme, et fait péril de conscience, mettant malheur sur soy et sur ses biens, et fait que ses magazins d'iniquités ne prospèrent guères. Qui ruine tant de gens de ce mestier, sont leurs tromperies et surventes. A ce propos, me souvient d'un qui faisant fraude à ses créditeurs, passoit par mer en Angleterre, traisnant un singe avec luy, ayant une grosse bourse pendue à son col, du meslange qu'il avoit fait d'eau avec vin et sidre ; son singe doucement luy arracha cette bource, et se voyant escrié de son maistre, la jeta dans la mer. Alors ce brouillon de tavernier n'eut autre chose à dire, sinon qu'on disoit à bon droit, d'où va vient, et que cet argent estoit venu de l'eau, et qu'il y estoit retourné. On le pratique journellement, que ce qui vient de flot, s'en retourne de marée. Dieu a estably certains progrez en l'ordre des choses, qui en font cognoistre la durée ou la mutabilité : l'équité et la loyauté en toutes choses sont moyens attractifs de prospérité et bon succez. »

Le *Formulaire des Esleuz* est terminé par un *Traicté des espèces et monnoyes, de la matière, forme et figure et usage d'icelles, adressé à Monsieur de Montholon, conseiller du Roy en ses conseils d'Estat et privé.* Ce traité, qui renferme douze chapitres, témoigne de l'érudition variée de l'auteur. Comme on le pense bien, on y rencontre de singulières opinions et certaines idées excentriques. La numismatique alors n'était pas encore sortie de ses langes.

Le 1er chapitre comprend *du mot de finances, d'espèces et monnoyes* ; le 2e, *les inventeurs des espèces et monnoyes* ; le 3e, *de la permutation* ; le 4e, *la matière des espèces.* Croirait-on que dans ce chapitre le président La Barre eût pu trouver l'occasion d'y parler du sarrasin ?

« Nous affluons, dit-il, en Bretaigne et Normandie, depuis cent ans, d'une espèce de blé noir, non cogneu ailleurs ; un apoticaire de Nantes en ayant porté par accident à Lyon dans ses paniers, leur fit acheter ce qu'il voulut, comme nouvelle semence, ayant de grands effects en médecine. Et pourquoy cela ! ils n'en avoient jamais veu. »

Notre auteur mentionne des monnaies de cuir et de carton :

« Après la prinse du roy Jean par le prince de Galles, à la journée de Poitiers, estant convenu de trois millions de francs pour sa rançon, n'y ayant des lors si grande quantité d'or ou d'argent, comme il y auroit bien dujourd'hui que l'on a fureté les veines métalières de tout le monde, et

pénétré, fouissant jusques aux enfers, au défaut d'or et d'argent, car sa
rançon emporta ce qu'il y en avoit en France, furent fabriquées des espèces
de cuir, qui eurent, pour les apprizer, un petit clou d'argent. De ce lieu
aucuns ont estimé probablement que qui auroit osté et levé quatre à cinq
millions qui courent en France parmy le commerce des hommes, que le
reste seroit bien petit. C'est chose qui fut avérée, après les guerres des
Anglois, sous Charles VII; la disette d'or et d'argent fut grande en France.
Depuis ce temps là l'or a bien multiplié. On a veu de fraische mémoire,
sous Henry IV, qu'il avoit quinze à seize millions dans ses coffres, et que
pour cela l'argent ne manquoit entre les mains du peuple, le fonds de France
est inépuisable.

» J'ay veu user de monnoye de carton pour mailles autrefois à Paris,
chez les boulengers, qui les bailloient et reprenoient en supplément de prix
au payement du petit pain, qui estoit de sept deniers et maille. Entre cha-
noines, leurs assistances sont contées par mailles de plomb ou de papier. »

Après avoir traité, dans le 5ᵉ chapitre, *du poids et mesure
des espéces,* le président de l'Election de Mortain consacre le
6ᵉ à *la forme et figure des espéces.* Il y fait l'éloge des mé-
dailles et en vante l'utilité.

« Rien ne conserve à l'esgal la semblance et figure des princes comme
leurs monnoyes. Rien ne les fait mieux revivre en la veüe et pensée des
vivans. N'avoient esté les espèces des anciens moulées sur le naturel, nous
ne sçaurions à peu près qu'ils eussent esté ; leurs statues, leurs sépultures
ont péri par hostilité ou par l'injure du temps ; mais leurs monnoyes nous
restent par leur multiplicité, et en icelles leurs représentations, leurs ima-
ges et pourtraits. Monsieur le général Bigot, que je nomme par honneur, en
a fait un trésor des plus riches, et en plus grand nombre que je sçache. De
nos anciens roys nous n'en avons aucunes, comme s'ils n'avoient jamais
fait battre monnoye, ou que venant à la couronne, les uns ayent destruit la
fabrique des autres, chose fort à regretter. Une taupe fouillant au milieu
d'un champ en la bourgeoisie de Tinchebray, l'an 1608, jetta avec la terre
quelque nombre de pièces romaines d'argent et de cuivre, dont j'en ay aucunes, d'Auguste, de Livia, sa femme, de Néron, de Vespasien, de Cons-
tantin et d'autres, lesquelles confrontées avec les figures iconiques d'Onu-
phrius, de Catari et d'Usperg, reviennent si bien qu'il semble qu'elles ont
esté faites sur les livres, ou les livres sur icelles. De ceux qui n'ont rien
fait forger ou mouler, on n'a que le nom, et encore à peine, et des autres
nous avons le nom et la semblance, belles enseignes pour s'en ressouve-
nir ! »

Le chapitre 7ᵉ, contient le *droit de monnoye, droit de sou-*

veraineté.—Le 8ᵉ, *de la Court , juges et ouvriers des monnoyes.*—Le 9ᵉ, *de l'évaluation des métaux.*

Ce chapitre est très-important ; il intéresse vivement l'histoire économique et financière de la France , histoire qui est
encore à faire, malgré les remarquables travaux des écono-
mistes de nos jours. Le document, que nous allons repro-
duire, a beaucoup de valeur, parce que le président La Barre
est contemporain des faits qu'il raconte. Quand il puise ses
renseignements et ses autorités dans les livres qu'il compulse,
sans doute on peut et on doit se défier de son érudition mal
digérée et entachée de pédantisme ; mais ici il est témoin oculaire et juste appréciateur des événements de son temps.
Notre auteur s'élève avec une vertueuse indignation contre les
incessantes variations dans le prix des monnaies. Il y a un
tel désordre, une telle confusion dans les espèces qui ont
cours en France, que l'on se demande comment le peuple
pouvait reconnaître et apprécier le grand nombre de monnaies étrangères qui circulaient dans le pays, comment même
il pouvait s'en rappeler les noms. Et certes, les valeurs diverses, la multiplicité et les falsifications des espèces cau-
saient une confusion extrême dans les relations sociales et de
grands empêchements au commerce. Ecoutez le magistrat de
Mortain :

« De nostre temps, l'an 1615, qui a réglé la confusion des monnoyes estrangères, que les Estats généraux de France, sous Louis XIII, à qui Dieu
doint bonne vie, le désordre d'icelles en fist désirer le réglement. On ne
voyoit que monnoye estrangère altérée de poids et bonté, qui changeoit de
prix de jour à autre, au lieu de laquelle on emportait nostre bon argent.
Jamais toutefois tant d'espèces entre les mains du peuple ; on vendoit, on
acheptoit pour se défaire de ces espèces, chacun prévoyant et craignant le
descry qui ne pouvoit estre que proche. Et pource qu'il n'y avoit autre argent, les juges condamnoient les personnes à le prendre, qui toutefois ne
s'en pouvoient aider ès receptes , et encore moins ès cours de Parlement,
où ils ont fait loy pour les autres, de l'escu à soixante sols, et pour eux à
soixante six. *O mores, o secula !* On doit la justice au peuple, on la luy
vend au poids de l'or ! »

Puis le Président La Barre donne le nom et le prix des monnaies qui avaient cours sous le règne de François Ier, de Henri III, de Henri IV et de Louis XIII.

Le roy François, en mars 1532, par édit donné à Nantouillet, de la hausse des monnoyes, et de l'or et de l'argent, et du transport des bonnes espèces de France, pour en forger d'autres pires et dommageables. Il réduisit néantmoins l'escu sol couronné aux armes de France, à 43 sols tournois du poids accoustumé, et l'escu couronné à 43 sols, 6 deniers ; l'escu vieil à 55 sols 6 deniers ; les francs à pied et à cheval à 48 sols 7 deniers ; réaux à 47 sols 3 den. ; nobles à la rose à cent sols ; nobles de Henry à quatre livres douze sols ; les angelos à 60 sols ; saluz ducats de Venise, de Savoye, de Florence, de Portugal, d'Hongrie, Sicile, Castille à 45 sols 6 deniers ; doubles ducats quatre livres douze sols ; rides 47 sols ; Lyons 53 sols ; florins, Philippus 27 sols ; impériale de Flandre 22 sols 6 deniers ; Alphonsius 69 sols ; Scutius 40 sols ; escus d'Angleterre à la rose couronnée à 44 sols ; autres escus à la rose 41 sols ; oboles de Lorraine 32 sols ; florins au trait 28 sols ; testons ou gros de France 10 sols ; testons de Savoye 9 sols 6 deniers ; mailles à l'aigle 8 sols 6 deniers ; testons de Suisse, de Berne, de Fribourg, de Lyon, Ferrare, Gennes, Milan, florins ou Carolus de Flandres 12 sols 6 deniers ; horgues 12 sols 6 deniers ; testons de Portugal 10 sols 4 deniers ; testons de Lorraine 9 sols 8 deniers ; Carolus à l'espée 10 deniers ; gros de Mets 2 sols 6 deniers ; groz d'Escosse 2 sols 6 deniers ; groz d'Angleterre 3 sols, et les demis à l'équipolent ; S. Estienne de Mets 2 sols 8 deniers. Descriant du tout les ducats et les martinelles, espèces d'argent de Charles V, son adversaire, et les escus à l'aigle, les marabais, les brelingles, tombarez et vaches de Béarn n'estans de poids et aloy suffisant : néantmoins permet par provision, ou plustost attendant fabrication de meilleures, les niquets, liards de Lozane, et autres monnoyes estrangères contrefaites, au prix du marc de quatorze livres, et de l'or à huict-vingts cinq livres sept sols 6 deniers, laissant en leur cours, les dizains, douzains et trézains et demy-douzains et demy-trezains, les patars à treize deniers, et les liards forgez à ses cours. Voilà les prix des espèces sur la fin du règne du roy François premier, qui est bien accreu depuis.

» Sous Henry III, l'an 1582, fut une surhausse désespérée, l'escu valut quatre livres dix sols, et cent sols en aucuns endroits, par la malice du marchand et connivence du magistrat, et le teston vingt-cinq et trente sols, avec tel désordre, que si les espèces avoient esté mises un jour à certain prix, le lendemain on taschoit à les mettre à davantage ; ce désordre fut occasion d'y mettre de l'ordre : l'escu fut remis à 66 sols et le teston à 14 sols.

» Derechef s'estant fort haussées et déreiglées les monnoyes durant les troubles, régnant Henry IV, l'an 1692, l'escu sol fut réduit à 65 et le vieil escu à 70 ; le double Henry à 7 livres, le ducat d'Espagne à 6 livres 15 sols, le double ducat de Portugal, dit millerets, à 6 livres 18 sols, et le simple à l'équipolent, le double pistolet d'Espagne à 6 livres 6 sols, le quart d'escu à 16 sols, le franc à 21 sols 4 deniers, le teston à 15 sols 6 deniers, la réalle d'Espagne à 21 sols 4 deniers, et la demie à 10 sols 8 deniers, et la simple 5 sols 4 deniers, l'angelot d'Angleterre à cent sols, ducats de la nouvelle fabrication à 6 livres 10 sols, albertus à deux testes 6 livres 12 sols, albertus de Flandre double 4 livres 12 sols, simple 46 sols, noble à la rose tresbuchant 7 livres 10 sols, noble Henry 6 livres 15 sols, le chelin d'Angleterre 9 sols 6 deniers, Philippes dalles de Flandre 47 sols 6 deniers, le florin de Flandres à deux testes 18 sols, le teston de Lorraine à 12 sols, le teston de Dombes 15 sols 6 deniers. Les ducatons de Florence, Pavie, Venise, Milan, Savoye, Mantoue, Gennes, Luqnes 52 sols, dalles de la Franche-Comté 44 sols, toutes furent billonnées, et deffendant le transport de toutes monnoyes et matières d'or et d'argent hors la France. Alors fut le marc d'or fin évalué à 240 livres 10 sols, et le marc d'argent à 20 livres 5 sols 4 deniers.

» Derechef l'or et l'argent s'estant encore devoyés de prix sous la minorité de Louys XIII régnant à présent, à qui Dieu doint bonne et longue vie, prenant sur ce l'advis des sages, pour retrancher le cours des pièces estrangéres, qui foisonnent au lieu des françoises, fit un descry général de toutes icelles, l'an 1614, réserve du pistolet et double pistole d'Espagne, remettant les espèces à leur valeur, à sçavoir, l'escu à 75 sols, qui en valoit durant le désordre 4 livres 10 sols, et le pistolet à 72, et le double à la mesme raison, envoyant tout le reste au billon, avec peine de confiscation et d'amende à qui seroit trouvé en faisant transport hors le royaume, ou récélant dans le royaume. Ordonnance difficile à digérer, qui fut cause de grandes pertes, et du tiers aux pauvres marchands, qui avoient deniers d'emprunt ; mais qui s'est depuis observée par ressentiment des désordres passez, et qui s'observera pendant qu'on en aura mémoire. »

Le chapitre 10e parle des *monnoyes et monnoyeries*. Là notre auteur mentionne l'établissement d'une chambre des monnaies à Caen :

« L'an 1550, par le moyen de l'admiral d'Annebaut, gouverneur de Normandie, fut une monnoyerie establie à Caen, qui dura quelque temps, ayant pour marque à la pile une petite croix, estant le nombre des lettres de l'alphabet complet. Enfin négligée par les bourgeois, fut réunie avec celle de Sainct-Lo. »

Il indique aussi le point secret des monnaies : « Rouen 15, Sainct-Lo 19. »

Dans ce même chapitre, il signale une curiosité monétaire :

« Furent faits, dit-il, durant les troubles de la religion, des testons à la roupie durant l'enfance de Charles IX, par les haîneux de l'église, empruntant leur matière des châsses, calices et reliquaires, qui sont de bon et ancien aloy. »

Dans le chapitre 11e, de *la falsification des espèces*, le président La Barre raconte les peines qui étaient [infligées aux faux monnayeurs :

« La première peine des fabricateurs fut de leur couper les poings ; l'autre de les faire bouillir. La peine des expositeurs, pour la première fois, est du fouet, et en recheute, de la corde ; peine commune à présent des faux-monnoyeurs, s'ils ne sont nobles, car je vis, l'an 1598, couper la teste à la demoiselle de Cartot, femme subtile, qui aidoit à dorer et brasser à son mary les doublons et quadruples, et me souvient qu'elle disoit que ce qu'elle et son mary, qui s'estoit sauvé en Angleterre, en faisoient, c'estoit pour se venger du roy d'Espagne, ennemy de la France, le baffouant et luy donnant sur la joue ; mais mal à propos, telle vengeance tomboit toujours sur le peuple. Au mesme temps furent pendus deux bouchers ès halles à Paris, trouvez saisis de deux caques de limaille et rogneures, pour le fait des autres, qui avec leurs alambics empirent les espèces, la peine est arbitraire. »

Le chapitre 12e et dernier a pour titre : *Des métaux et minéraux, matière commune des espèces et monnoyes*. Là, nous pouvons recueillir une petite particularité historique :

« Richard, duc de Normandie, au voyage d'outre-mer, fit ferrer ses chevaux d'or par magnificence, comme de nostre temps le duc de Nevers, Charles de Gonzague, de Clèves, au voyage de Rome, l'an 1614, prince vertueux, dont le nom m'est de singulière recommandation. »

Dans ce chapitre, sont encore racontés les merveilleux effets de certaines eaux :

« Cogneue et commune, dit notre auteur, est cette fontaine, près Grenoble, qui allume les torches esteintes. L'eau de la rivière de Sutile, près Clermont en Auvergne, glace ses eaux pour se faire un pont, et traverser par sur un autre. Autrefois j'ay veu dans le cabinet d'un religieux à Bologne, un baston qui d'un bout estoit devenu fer, et de l'autre pierre, au milieu retenant sa nature de bois, pour avoir esté trempé des deux bouts en deux fontaines d'effets dissemblables. »

Nous retrouvons là le fameux *or potable* dont se moque Molière dans plusieurs de ses comédies :

« On ne se sert pas seulement d'or aux espèces et monnoyes, mais qui plus est pour remède et ingrédient salubre, et salutaire en la médecine, ès restaurans, ès confections cordiales, et tout plein de décoctions et concoctions, les quelles reçues au ventricule, confortent les facultez naturelles, fortifient le cœur et l'envigourent ; mais et retenu en la bouche corrige la puanteur d'icelle ; appliqué sur le cœur réprime ses passions, et conforte la personne et la ragaillardit. »

Le président La Barre égaie la monotonie de ce chapitre par une petite anecdote :

« Augurellus avait composé un poëme, la *Chrysopoë*, ou l'art de faire de l'or ; il le dédia au pape Léon X, espérant, de luy, quelque grand présent. Ce pape advisé luy fit faire une belle bource d'un quartier de satin rouge, qu'il luy donna, disant puisqu'il savoit faire l'or, qu'il n'avoit besoin que d'un sac à le mettre.

» A Briquebec, dit notre auteur, l'an 1603, creusant et fouissant un puits, furent béchées parmy la terre certaines pierres blanchastres, dont j'en vis aucunes ayant veines d'argent, dont fut fait l'essay devant le roy Henry IV, estant pour lors en Normandie, mais le tout revint à néant. »

Il raconte ainsi la découverte des mines de charbon de terre, dans le Nivernais :

« Au Nivernois, l'an 1561, des pasteurs se chauffant dans un bois, mettoient des pierres de charbon avec leurs buschettes et tisons, qui brusloient et faisoient bon feu ; le duc de Nevers, Ludovic de Gonzague, estant à la chasse, s'estant retiré à l'abry durant une ondée, apperceut cela, et pourpensant en soy qu'il y pouvoit avoir des minières de charbon de terre, y fist bécher. Et de vray s'en est trouvé abondance. Et ne faut plus aller en Angleterre ny en Escosse pour en recouvrer ; le Nivernois en produit suffisamment ; mais avec ce malheur toutefois que les pasteurs, possible les mesmes qui avoient monstré ces mines, se chauffant en l'une de ces charbonnières, y ont mis le feu, qui brusle et bruslera incessamment. On y a attiré des dérifs et dégouts, mais rien ne profite, s'embrazent davantage, rendant une espoisse fumée, qui se voit de tous les environs, meslée le soir d'un peu de flamme. »

Je pourrais continuer encore les citations et varier les détails ; mais il ne faut pas abuser. Je crois avoir montré par

un assez grand nombre d'extraits que le président La Barre
ne méritait pas l'oubli total où il est tombé, et que c'est un
de ces écrivains du passé qu'il n'est pas inutile ni trop en-
nuyeux de rencontrer une fois dans sa vie, quand on sait les
prendre par le bon côté. C'est donc une chose louable, selon
nous, d'en avoir sauvé quelques débris du naufrage. Et d'ailleurs, nous n'avons fait qu'obéir à une des tendances intel-
lectuelles de notre temps. Aujourd'hui, on a le goût des ex-
humations et des réhabilitations littéraires. L'esprit d'investi-
gation s'exerce sous toutes les formes et sur tous les points.
Il n'est pas une époque jusqu'ici méconnue par une érudition superficielle, obscurcie par la passion, ou laissée dans
l'oubli par l'indifférence qui n'ait été fouillée et éclairée d'un
nouveau jour, et ce n'est pas seulement sur les siècles les
plus brillants, ces sortes de grandes routes de l'art, que l'at-
tention s'est portée ; c'est de préférence peut-être sur ces pé-
riodes plus difficiles, plus confuses, où le génie français hé-
site, se hasarde dans tous les sentiers, se livre à toutes les
tentatives, s'assimile toutes les substances par l'imitation, et
réunit lentement, heure par heure, le faisceau de qualités et
de forces qui doit, par la suite, soulever le monde. De là
cette multitude de travaux sur le moyen-âge littéraire et sur
le xvie siècle. Puisse notre *étude* sur le président La Barre
n'être pas trop mal accueillie de ceux qui désirent la réhabi-
litation d'un bon nombre de nos écrivains normands !

www.ingramcontent.com/pod-product-compliance
Lightning Source LLC
Chambersburg PA
CBHW061332050726
47595CB00005B/1900